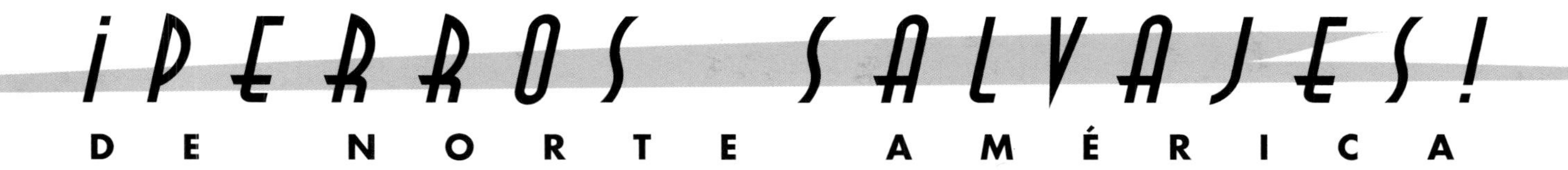

EL LOBO

Por Jalma Barrett
Fotografías por Larry Allan

San Diego • Detroit • New York • San Francisco • Cleveland • New Haven, Conn. • Waterville, Maine • London • Munich

For more information, contact
The Gale Group, Inc.
27500 Drake Rd.
Farmington Hills, MI 48331-3535
Or you can visit our Internet site at http://www.gale.com

LIBRARY OF CONGRESS CATALOGING-IN-PUBLICATION DATA

Barrett, Jalma.
[Wolf. Spanish]
El lobo / by Jalma Barrett.
p. cm. — (Perros salvajes!)
Summary: Describes the physical appearance, habits, hunting and mating behaviors, and life cycle of wolves.
Includes bibliographical references and index.
ISBN 1-41030-014-5 (hardback : alk. paper)
1. Wolves—Juvenile literature. [1. Wolves.] I. Title. II. Series: Barrett, Jalma. Wild canines!

QL737.C22 B343518 2003
599.773—dc21 2002015926

Printed in United States
10 9 8 7 6 5 4 3 2 1

Contenido

Introducción

Una sombra grande, como de un perro, se mantiene a distancia de ti, mientras caminas por un bosque del norte o atraviesas una tundra abierta (llanura ártica, plana y sin árboles). Si este fantasma del bosque corre con la cola horizontal detrás de ti, sabrás que has visto un lobo. Puede llamarse lobo gris, lobo de los bosques, lobo de la tundra, lobo ártico, o lobo mexicano, pero todos pertenecen a la misma especie: *Canis lupus.*

Los lobos grises se paseaban en gran número por Norte América, pero los rancheros mataron a muchos, para proteger su ganado. En la década de 1960, los lobos grises estaban próximos a la extinción. Hoy, gracias a protección y leyes estrictas, los lobos grises viven en muchos lugares.

Se les encuentra por toda Alaska y Canadá, y en el norte de Washington, Montana, Minnesota y Wisconsin. En 1995, fueron reintroducidos en el Parque Nacional de Yellowstone, en Wyoming, y también en regiones de Idaho. Hace poco se liberó lobos grises en las Montañas Azules del sur de Arizona.

Los indios norteamericanos creen que los lobos son grandes maestros. Respetan su gran fuerza física y su resistencia, así como su sorprendente habilidad para cazar y sobrevivir.

Los lobos grises estaban próximos a la extinción pero se han recuperado. Hoy se les puede encontrar en muchas partes de Norteamérica.

Aspecto físico

Los lobos son grandes canes (animales semejantes a perros). Su piel varía de color, desde el negro hasta el blanco, el gris y el castaño. Tienen largas piernas y pueden pesar desde 50 hasta 175 libras (de 23 a 80 kilogramos).

El lobo gris puede medir desde 26 hasta 38 pulgadas (de 66 a 76 centímetros) de altura hasta los hombros. Su cabeza y cuerpo miden desde 35 hasta 59 pulgadas (de 90 a 150 centímetros) de longitud. Su larga cola peluda añade otras 14 a 20 pulgadas (35 a 50 centímetros) a su longitud. Los machos son más grandes que las hembras.

El color de los lobos árticos varía del blanco al crema.

Un modo de distinguir a los canes es observar su cola. Los lobos grises corren con la cola de punta negra en línea recta horizontal. Los coyotes son animales mucho más chicos, y llevan la cola caída. Y los perros, descendientes de antepasados lobos, llevan la cola encorvada hacia arriba.

Otro modo de reconocer a un lobo es por la forma de la cara: las orejas puntiagudas y el hocico (nariz y mandíbula) forman un triángulo característico. Un contorno negro dibuja sus ojos sesgados, color amarillo oro.

El lobo gris tiene piel gruesa y cola tupida.
Recuadro: el color de los lobos va del blanco al gris y hasta el negro.

Arriba: Las patas, de grueso forro de piel, ayudan a los lobos a correr sobre la nieve. Abajo: los ojos de mirada frontal son los mejores para calcular distancia y profundidad, sobre todo al cazar.

Rasgos especiales

Uno de los rasgos que ayudan al lobo a sobrevivir es su resistencia (energía de larga duración). Para encontrar alimento, viaja más lejos y con más frecuencia que cualquier otro mamífero terrestre, con excepción del caribú. Los lobos se desplazan sin cesar por entre bosques de pinos, escuchando sonidos producidos por la presa— sonidos que los seres humanos no pueden oír. Una manada de lobos es capaz de cazar en un territorio de 100 a 260 millas cuadradas (de 260 a 675 kilómetros cuadrados). El territorio de una manada de lobos árticos se extiende entre 600 y 1,000 millas cuadradas (de 2,080 a 2,600 kilómetros cuadrados) o más. Tienen un trote característico— con las patas relajadas—, y así recorren su territorio periódicamente, siguiendo senderos bien transitados. Pueden recorrer 50 millas (80 kilómetros) en 24 horas, día tras día. Su excelente olfato y oído les ayudan a seguir la pista de su presa.

Los ojos de los lobos, como los de los demás canes, miran hacia el frente. Esto les da la habilidad de juzgar con precisión la distancia del animal al que acechan.

Su excelente olfato y oído hacen del lobo un gran cazador.

Aullidos nocturnos

A los lobos se les conoce por sus característicos aullidos nocturnos. Al aullar, el lobo levanta la cabeza en un ángulo de 45 grados. Esto hace que emita la voz en línea recta. Ladridos breves de un miembro de la manada parecen desencadenar los aullidos del grupo. A los ladridos les siguen aullidos largos, en tono bajo. El aullar estimula la urgencia de cazar de los lobos. También mantiene unida a la manada cuando está en movimiento. En general, un lobo aúlla a lo sumo durante 5 segundos. Luego otro le devuelve el grito. Por lo común, los lobos aúllan individualmente. Un aullido puede mantenerse en un tono constante, o variar, subiendo y bajando. Los lobos también lanzan

Cuando un lobo aúlla, mantiene la cabeza levantada en un ángulo de 45 grados.

quejidos, gruñidos, gañidos y ladridos.

Los lobos grises comunican muchas cosas a otros miembros de la manada mediante gritos nocturnos distintivos. Un lobo separado de la manada lanzará un aullido solitario específico: una llamada breve que sube de tono y se desvanece en un sonido quejumbroso. Si le contestan, responderá con lo que se llama un aullido de situación o de reunión. Este tipo de aullido es profundo y sostenido, a menudo marcado con ladridos. Los lobos que acechan una presa rara vez emiten ruidos. Al principio de la cacería, sí usan sonidos para mantenerse en contacto mutuo, o para indicar que han llegado a un buen lugar de emboscada. Este sonido ayuda a los demás miembros de la manada a localizar el escondite, para hacer que la presa pase por allí.

Los aullidos son una forma compleja de comunicación entre lobos, para enviar muchas clases de mensajes.

Vida social

Los lobos grises viven en extensos grupos familiares y se aparean de por vida. Esto se llama aparearse a largo plazo. Los grupos de lobos viven según estrictas reglas de jerarquía. Una manada incluye una pareja que procrea y sus crías. Los cachorros; por lo general, se mantienen dentro de la manada hasta los 3 años de edad. El lobo más fuerte se convierte en líder de la manada y se le llama el alfa. Puede ser macho o hembra. El alfa toma una pareja, y ellos son los dos únicos de la manada que se reproducen.

Enseñar los dientes es una señal de poder y agresión del lobo.

La estructura de la manada significa que cada lobo tiene un sitio designado. Por ejemplo, el macho alfa y su hembra siempre comen primero. Luego, los demás comen en orden de predominio (rango en la manada). Los lobos dominantes enseñan los dientes, erizan el pelo del lomo, apuntan las orejas hacia adelante y mantienen alta la cola. Cuanto más alta mantiene un lobo la cola, tanto más autoridad reclama.

Los lobos también muestran sumisión de muchas maneras: apartando los ojos, acostándose boca arriba, dejando caer hacia atrás las orejas o metiendo la cola entre las patas.

Los lobos no dominantes pueden alejarse de la manada. También puede suceder que a un lobo se le expulse del grupo después de perder la batalla por un puesto más alto en la estructura de la manada. Como los lobos están acostumbrados a vivir en manada, es peligroso para un lobo gris vivir por sí solo.

Las manadas de lobos tienen un orden social muy estricto. El alfa es siempre el guía y el primero en comer. Poner las orejas hacia atrás (recuadro) es señal de sumisión.

La manada va a cazar

Al final del día, la manada se reúne para cazar. El lobo alfa indica el camino, y la manada lo sigue al unísono. El terreno donde cazan pueden haberlo usado varias generaciones de la manada. Está cuidadosamente marcado con orina a intervalos aproximados de un cuarto de milla. Ese olor es un mensaje de propiedad y una advertencia para otros lobos, que dura hasta 5 meses. Tanto el macho alfa como hembra levantan la pata para orinar. Todos los demás —machos y hembras— lo hacen en cuclillas.

Los lobos cazan persiguiendo a su presa. A menudo usan sus afilados dientes para desgarrarle los tendones de las patas traseras y derribarla. Los lobos pueden derribar un animal que pesa 10 veces más que ellos.

Marcar el territorio es parte importante de la supervivencia del lobo.

Aunque los lobos pueden correr a más de 30 millas (48 kilómetros) por hora, un venado sano puede fácilmente dejarlos atrás. Un alce que contraataca, a menudo convence a una manada de lobos de que busquen una presa más fácil.

Los lobos de una manada comen de acuerdo al orden social. La pareja alfa (líderes) siempre comen primero.

Los lobos comen también animales pequeños: ardillas, conejos, pájaros y peces. Comen también bayas. La dieta de un lobo ártico consiste en liebres árticas, bueyes almizderos, caribú y lemmings (roedores semejantes a ratas). Los lobos mexicanos cazan venados pequeños, alces, antílopes y ovejas de cuernos grandes. Estos animales son derribados por dos lobos mexicanos, y no por toda la manada.

El lobo mexicano: supervivencia de la especie

Durante la década de 1970, la población del lobo gris mexicano llegó a 50 animales, su nivel más bajo. Por fin, en 1976, intervino el gobierno de los EEUU. Fue entonces cuando los lobos mexicanos fueron puestos bajo la protección de la Ley de especies en peligro de Extinción. Los pocos lobos salvajes que quedaban se capturaron en México y Arizona y se pusieron en programas de crianza encautiverio (bajo control humano), para después dejarlos en libertad. Hoy, hay 39 criaderos de lobos grises en México y EEUU y en México. Estos criaderos pertenecen al Plan de supervivencia de especies, de la asociación de acuarios y zoológicos americanos. Gracias a su esfuerzo, se ha elevado el número de lobos mexicanos a 130. Sin estos, los zoólogos no habrían podido re-introducir, en 1998, 11 lobos grises mexicanos en el sudoeste de Estados Unidos.

Aunque los lobos pueden ayunar (estar sin alimento) cerca de 2 semanas, en general necesitan entre 3.5 y 4 libras (de 1.5 a 2 kilogramos) diarios de carne. Los lobos engullen (comen con voracidad) cuando de hecho encuentran alimento. Pueden comer hasta 20 libras (cerca de 9 kilogramos) de alimento en una comida. Esta voracidad les ayuda a sobrevivir hasta que vuelven a matar.

Los lobos tienen la fuerza, la energía y la habilidad de cazar siguiendo a su presa a grandes distancias.

Por lo común, los animales a los que los lobos atacan están enfermos, heridos, o son muy jóvenes o viejos. Los lobos a menudo ponen a prueba a los animales para ver si pueden cazarlos con facilidad. Los lobos grises sorprenden a su presa poniéndole una emboscada. No persiguen a su presa por largas distancias; corren aproximadamente unas 1,000 yardas, pero luego regresan. A veces, se limitan a seguirla, avanzando a un paso cómodo —hasta por 8 horas— y atacan cuando el animal perseguido se cansa.

Apareamiento

Los lobos alcanzan la madurez (capacidad de reproducirse) en su segundo año. En general, no se aparean sino hasta que cumplen 3 años. El apareamiento se produce en febrero o marzo. La gestación (tiempo de desarrollo de la cría no nacida) dura 63 días. El tamaño de la camada varía entre 1 y 12 cachorros, también llamados lobeznos. La cantidad de alimento disponible en una región afecta también al tamaño de la camada, o incluso impide que haya una.

La guarida de un lobo se usa solo para criar cachorros. En general, está situada en terreno elevado, cerca del agua, y marcada con tierra suelta en la entrada. Los lobos grises no usan materiales para hacer un nido. Escarban profundo túnele, o varios, que conducen a una guarida de maternidad. Pero los lobos árticos deben sobrevivir donde el terreno se mantiene congelado todo el año. Lo que usan es una guarida dentro de alguna cueva o acantilado rocoso (una abertura causada por una grieta). Los lobos mexicanos prefieren vivir en terreno elevado. Sus guaridas se encuentran sobre todo en robledales (bosques de robles).

Dos lobos árticos viajan juntos a principios de la primavera.

Mitad perro/mitad lobo

Las mascotas que son mitad lobo gris y mitad perro se volvieron populares en Estados Unidos, a principios de la década de 1990. Los malamutes de Alaska, perros esquimales siberianos y pastores alemanes fueron cruces intencionales de lobo con perro. Aunque los resultados fueron únicos, estos animales híbridos demostraron que no eran confiables. Muchos demonstraron conportamiento de lobos, atacando incluso a sus dueños y a otras personas. Se les llevó a refugios y se acabó por destruirlos. Esas cruces de prueba entre animales salvajes y especies domésticas resultaron un fracaso, en especial para sus crías, pero la experiencia fue una valiosa lección. Demostró que los animales salvajes tienen instintos muy diferentes de los de las mascotas domésticas. No es justo poner en un ambiente doméstico a un animal salvaje esperando que se comporte como un animal de compañía. Es mucho mejor respetar y apreciar a los animales salvajes en sus ambientes naturales, que es donde deben estar.

Estos cachorros de lobo gris tienen cerca de 9 semanas de edad, y hace poco que salieron de su guarida.

Cachorros de lobo

Los lobeznos nacen ciegos, sordos e indefensos. De pequeños, dependen completamente de su madre. La madre lame a sus recién nacidos para limpiarlos, reconfortarlos y crear un vínculo con ellos por medio del olor. Los lamidos de la madre, alienta a los cachorros a respirar, orinar y defecar (evacuar el intestino). Los cachorros empiezan a jugar cerca de la guarida aproximadamente después de 3 semanas. Un guardián—que no es necesariamente uno de sus padres—está siempre cerca para vigilar y proteger a los nuevos miembros de la familia. El juego y los tumbos toscos de los lobeznos establecen un orden de predominio dentro de la camada. Más tarde, les ayuda a establecer relaciones sólidas, creando un espíritu comunitario que consolida la manada.

Los cachorros empiezan a comer carne alrededor de las 4 semanas. Los adultos de la manada primero les dan carne regurgitada (parcialmente digerida). Cuando los adultos regresan de cazar, los cachorros saltan y muerden el hocico y la garganta de los adultos. Esto estimula la regurgitación. A los 2 meses, se muda a los cachorros, de la guarida materna a un sitio de reunión grupal. Para el fin del primer verano, los lobeznos son capaces de salir de cacerías con la manada. Algunos dejan la manada cuando cumplen 1 año de edad, otros se quedan en ella más tiempo. La vida de un lobo rara vez dura más de 9 años.

Arriba: un lobezno gris en contacto con su presa.
Centro: un cachorro se pasea fuera de su guarida.
Abajo: sus mordidas al hocico del adulto estimulan el proceso de alimentación.

El lobo y el hombre

El único depredador peligroso para el lobo es el hombre. Muchos lobos se ven amenazados por actividades humanas, incluso en parques nacionales, donde se supone que están protegidos. Los lobos árticos todavía habitan su territorio original, probablemente porque rara vez se tropiezan con gente. Es la única subespecie de lobo gris a la que los humanos no han hecho daño.

El enemigo natural más peligroso del lobo es el hombre. Lo único que puede asegurar su supervivencia es el cuidado y respeto por su hábitat natural.

En Minnesota, quedan cerca de 2,200 lobos de los bosques. Todavía se les clasifica como especie en peligro, pero la gente está pidiendo permiso para cazarlos. Los ganaderos quieren matar a los lobos, que dicen que atacan a su ganado o a los animales domésticos.

No obstante los rumores y exageraciones engañosas acerca de la ferocidad de los lobos, en Norte América sólo hay 3 ataques documentados de lobos a seres humanos, y ninguno fue fatal. Es más difícil proteger a los lobos de los seres humanos. La mejor protección del lobo contra la extinción es su timidez instintiva. Pero ella, por sí sola, no puede salvar a la especie. Los seres humanos deben cumplir con la parte que les corresponde, para asegurar que los lobos y sus hábitats no sufran más daño. Solo así, uno de los más impresionantes especialistas en supervivencia de lo naturaleza seguirá desempeñando su papel en el interminable ciclo de la vida.

Datos sobre el lobo gris

Nombre científico: Canis lupus

Altura en los hombros: De 26″ a 38″ (de 66 a 76 cm)

Longitud del cuerpo: De 35″ a 59″ (de 90 a 150 cm)

Longitud de la cola: De14″ a 20″ (de 35 a 50 cm)

Peso: De 50 a 175 libras (de 23 a 80 kg)

Color: Gris oscuro, negro, blanco, o plateado

Madurez sexual: A los 2 años

Gestación: 63 días

Camadas por año: Una

Tamaño de la camada: De 1 a 12 cachorros (depende de la disponibilidad de alimento)

Vida social: Muy estructurada en cada manada

Alimento favorito: Venado, alce, caribú

Territorio: Todo Alaska y Canadá, el norte de Minnesota, Wisconsin, Michigan, Wyoming, Idaho, Washington, y el sur de Arizona

Glosario

acechar cazar o perseguir de manera silenciosa y secreta; por lo común, siguiendo una presa
emboscar esconderse para atacar.
engullir comer más de lo necesario
predominio tener poder o control
quejumbroso triste y lastimero
regurgitar devolver del tubo digestivo a la boca
resistencia tener energía por mucho tiempo
sumisión seguir las órdenes o la guía de otro
tono el fin alto o bajo de un ruido
tundra zona donde el subsuelo más profundo está siempre congelado

Para más información

Libros

Dahl, Michael. *Wolf*. Danbury, CT: Children's Press, 1997.

Ling, Mary. Jerry Young (Photographer). *Amazing Wolves, Dogs & Foxes* (Eyewitness Juniors). New York, NY: Knopf, 1991.

Swinburne, Stephen R. Jim Brandenburg. *Once a Wolf: How Wildlife Biologist Brought Back the Gray Wolf*. Boston, MA: Houghton Mifflin, 1999.

Dirección en la red

International Wolf Center
Información sobre lobos de Yellowstone wolves: www.wolf.org.

Índice